돌아보는 흔적

돌아보는 흔적

초판 1쇄 발행 2023년 8월 14일

지은이 이원문

펴낸이 임병천
펴낸곳 책나무출판사
출판신고 2004년 4월 22일 (제318-00034)

주소 서울시 영등포구 신길3동 325-70 3F
전화 02-338-1228 **팩스** 0505-866-8254
홈페이지 www.booktree.info

ISBN 978-89-6339-710-8 03810

돌아보는 흔적

이원문 시집

책나무출판사

목차

1부

2부

3부

4부

• 1부 •

계수나무의 일기

보름달 안 동무들
내 동무들 어디에서 어떻게 사는지
철따라 꽃 피고 새도 울렴만
흐지부지 끊긴 소식 보고 싶구나

울고 웃던 동무들
내 동무의 삶이 그런가 내가 그런가
왜 서로가 연락이 안 되는지
저 보름달 아니면 모두 잊겠구나

타향의 저 보름달
너희들이 모두 모여 부르는 것 같아
함께 놀던 그날도 더 그립고
몇 십년의 그 세월이 야속하구나

일생 질문

세상은
아니더라
다 아니더라

묻습니다
당신은 무엇을 위해
그곳까지 오셨습니까

보름달의 노을

뒷동산 위 밝은 달아
계수나무 밑 내 동무
어디에 숨었는지
옥토끼는 보이는데
내 동무는 안 보여

내일 다시 떠오르면
찾을 수 있을까
코흘리게 순이도
그곳에 숨었겠지
찾아도 찾아도 못 찾겠어

헝겁 모아 쥐어 주던
옆집 동생 코흘리게
내가 모아준 헝겁이었다
자랑은 안 하던지
순이도 동무도 보고 싶구나

정월의 일기

즐거운 초하루도
소원 빌던 보름도
모두가 어른의 몫
아이들이 얼마나 좋았나

이래저래 지난 일
식구 만나 좋았고
하루 하루 지우는 달
까치둥지 쓸쓸하다

떠나고 비워진 집
여기 이 집은 안 그런가
언제 또 만나보는
우리 식구들인가

끓여 먹으러 나간 부엌
냉기로 가득 차고
들어오니 방안 썰렁
화롯불 식어간다

그것도 그럴 것이
밥 벌어 먹으러 나간 자식
붙잡아둘 이 마음이 잘못 아닌가
시집간 아이 찾아본들 그것도 잘못

상 펴놓고 콩 고르니
어느 콩이 씨앗 될까
고르는 콩에 섞인 세월
찔레꽃 밭둑 찾는다

달 이야기

등에 업힌 우리 아가
아가야 잠들어라
장독대의 초승달은
우리 아가의 달이고

머리 위 보름달은
친정집 달이다
하루가 다르게
그렇게 채우더니

이제 이그러져
무엇을 비출까
보름달 안 친정 생각
그 친정만 들었겠나

타향살이의 우리 오빠
어디에 가 있는지
아무도 없는 빈집
오빠의 달에 있을까

친정 생각 고향 생각
기울다 지우는 달
기울어진 우리 집도
저 달처럼 지워질까

0시의 보름

시간을 덮는 하루
더 멀리 한 달을 덮고
그 한 달 절기 모아
일 년을 덮는다

기다림도 아니건만
하루 한 달 일 년이
왜 그리도 빠른지
기다렸다면 그 욕심

욕심에 섞인 시간
그 시간이 어떻게 했나
지나보니 모두가
흐지부지 세월의 것

꽉 붙잡은 그 욕심도
남의 것으로 옮겨 가고
진즉 내 것이라 하는 것은
그 옛날뿐이이더라

봄 문턱

겨울 같은 절기의 봄 겨울도 아니고
추워 보는 나뭇가지마다 팥알 움 커간다
아침 저녁 새벽으로 봄이어도 추운 겨울
추워도 나뭇가지의 움은 절기를 읽는지
하루 하루 다르게 커가는 것 같고
까치 짖음 새 소리에 귀 기우려진다

양지에 돋는 새싹 보일듯 숨은 봄
봄은 그렇게 절기에 숨어 오는 것인지
바람도 다르고 옷 속의 느낌도 다르다
사람의 마음일까 오는 봄의 놀림일까
버드나무만 아는 절기에 숨은 봄
봄 문턱 넘으려 냇물에 손 담가본다

고독의 봄

양지 녘 밖 음지는
차가워야 하는지
돋는 새싹 파릇파릇
음지여도 돋아나고
볕 쬐는 양지의 것
하늘 보며 더 커진다
그늘진 음지의 싹
양지 맞이 언제 할까
같은 날에 늦고 빠름
무엇을 얻고 가려
저리 시간을 들추는지
나와본들 차별 있고
이 시간도 음지 양지
춥고 덥지 않은가
때 되면 온 곳으로
그렇게 가야 하고
떠나면 그냥 가나
가뭄에 물 구덩이
그 바람은 어떻고
구부러지는 그날

며칠을 머무를까
그렇게 쓰러져
시간까지 지울 것을

사랑의 봄

그리움의 먼 옛날
이 봄날 그 이름
다시 한번 불러본다

아련히 스친 얼굴
노란꽃의 기억
걷던 길 길가에 민들레였나

잡은 손 뜨거웠던
못 잊을 그 사랑
여미어준 긴 머리 바람에 날린다

초가의 일기

봄맞이 초가의 뜰
그 옛날이 되었나
나 자란 뜰 아득히
돌맹이 나뒹굴고
여기 저기 돋는 새싹
뜨락 돌틈 찾는다
아직은 이른 봄

얼마쯤 더 있어야
커다란 싹이 될까
툇마루 끝 보리밥상
베보자기에 덮혀 있고
기다림의 내동생
우리 엄마 언제오나
베보자기 펄럭 바람에 날린다

해당화의 봄

여름날에 그 가을
파도 따라 가버리고
겨울 바다 쓸쓸히
기다림만 남겼다

이 봄날 여기 이곳
누가 다녀갈까
먼 섬 작은 섬
갈매기 외롭다

보리밭의 꿈

보리밭 저 멀리
아지랑이 가물대고
앞 개울 종달이
바구니 안 들여다본다

담기는 달래 냉이
캐 넣을 씀바귀
그 다음 무엇으로
이 바구니를 채울까

불어오는 봄바람
그리움에 스며들고
내일의 작은 행복
꽃구름에 실린다

백 년의 삼월

두 장의 달력을 마지막으로 넘기며
또 한 장의 삼월 첫날을 맞이 했다
뜻 깊은 삼월 백 주년의 삼일절
사진으로 보는 백 년 어떻게 하고 살았나

그 백년 안 민족의 상처 무엇으로 치료 했고
치료 해도 안 낳은 아픔 어떻게 해야 하나
아픈 역사 외면한 채 때만 되면 다 애국자
돌아서서 흐지부지 우리 국민 어떻게 하고 있나

빚 많은 우리 국민 애 안 낳고 일 안 하기
너와 내가 눈치보며 불노소득으로 배 채우기
빼앗긴 일자리 보며 탓으로만 돌리는 국민
내탓 없는 네탓 이 나라의 미래가 걱정 됩니다

봄 저녁

놀던 동무 하나 둘
혼자 남은 뒷동산
바라보는 저녁연기
우리 집은 왜 끊겼나

끓어놓은 보릿고개
뼈 속의 저녁연기
항아리 안 보리쌀
거미줄에 매달리고

멀건 죽 한 그릇이
잠들지 말라 하니
동트는 내일 보다
오늘이 더 서룹다

냇가의 봄

징검다리의 물소리
새봄맞이 노래 하고
건너는 이 멈춰서서
그 물소리 엿듣는다

추운 봄날에 서릿발
밤이어도 새싹들은
그리 돋아야 하는지
양지 녘에 돋는 새싹

봄바람에 더 커가고
버들강아지의 양지
고인 물에 얼비친다
며칠 더 있어야 하나

나물 바구니든 아이
버들피리 부는 아이
곧 떠 두를 개나리 울
앞산 기슭 바라본다

씀바귀의 노을

아지랑이 가물가물
보리밭 끝 아른대고
올려본 하늘 흰 구름 산 넘는다

오르는 언덕 씀바귀
돌뿌뎀이 이 씀바귀
내일 이 자리에 그대로 있을까

돌아서는 저녁 나절
아쉬움에 돌아보고
씀바귀의 미련 딛는 발 잡는다

바구니 안 달래 냉이
기다림의 그 씀바귀
저무는 보리밭 길 노을저 간다

메아리의 봄

칡 캐는 아이들
진달래 꺾는 아이들
이 산의 메아리
저 산으로 보내고
저 산 메아리 들려오면
다시 받아 더 멀리 보낸다

누구의 목소리가
더 크게 멀리 갈까
나물 캐는 아이들
우리 오빠의 야호일까
오빠야 이제 내려와
바구니든 아이들 메아리 올린다

구름의 봄

이 바구니 들고 어디로 갈까
나서는 냇가 길 물소리 노래하고
기울은 징검다리 그 노래 듣는다

작년에 많이 캐던 그곳으로 갈까
아니면 냇가 따라 미나리를 뜯을까
이리 저리 둘러보며 건너는 징검다리

바라보는 산 더 멀리 그리움 산 넘고
뒤 따르는 흰 구름 보리밭에 앉는다
씀바귀 많았던 곳 돌뿌뎀이의 우리 밭둑

그곳 찾아가면 달래 냉이도 있을 것인데
산 넘는 흰 구름 뒤 꽃구름 들어오고
들어오는 꽃구름 바구니에 담긴다

서울의 봄

사랑 따라 실려온 몸
서울의 봄이 우리 동네 봄만이나 할까
골목 길 썰렁하니 봄바람에 춥고
풀 한 포기 없는 뜨락 묻힐 흙 없다

인심 없는 서울의 봄
공장으로 장사치로 장떨뱅이의 봄
이 많은 사람 어디에서 다 모였나
올려보는 하늘에 높은 집만 보이고

좋다는 곳 찾아 봐야
옷 깨끗치 못하니 바라보는 눈초리들
먹을 것 먹어 봐도 색깔만 이쁘다
거미줄에 얽힌 세상 차 많은 세상

내 집이라 빌려든 집
저 높은 집 사려면 얼마를 가져야 하나
한평생을 벌어도 못 들어가는 집
사랑 따라 찾은 서울 내일이 없다

봄 밥상

어제는 그렇게
오늘은 어디에가 무엇을 캐 담을까
울 뒤 황새냉이
산자락 찾아가 씀바귀 좀 캐어 담고
내려오는 길목
보리밭 그곳에가 달래 냉이 좀 캘까
밥상에 밥 반찬
그만하면 끓이고 무쳐 될 것 같은데
돋나물 물 김치
그것은 어제 뜯어 서너 그릇 담았고
퍼 담을 고추장
고추장은 어느사발에 얼만큼 담을까
뚝배기의 찌게
달래 넣고 졸인 다음 간장에 좀넣고
봄 반찬의 겸상
무엇이 빠졌을까 이만 하면 되겠지

• 2부 •

경주마의 봄

내 사랑하는 말들아
너희의 고향이 어디라더냐
다시는 못 돌아갈 너희들의 그 고향
초원의 너희 그 고향 이제 잊거라
여기는 갇혀야 하고 주는 것만 먹어야 돼
어디 그것뿐이라더냐 굴레 쓰고 구속 받고

재갈 물려 끌고 나가면 나를 네 등에 태워야 해
하자 하는대로 해야한다
이 채찍 보았느냐 당근도 보고
그래 너희들이 무엇을 택하겠니
말 잘 듣고 장난 하지 말아야 해 쫓겨나지 않게
장난 하거나 말 안 들으면 어떻게 되는 줄 알지

그대신 말 잘 듣고 열심히 뛰어주면
휴양도 보내주고 결혼시켜주잖니
아프거나 꾀 피우거나 말 안 들으면 바로 그곳 큰일난다
초원 없는 과천벌 저 긴 모래밭
추운 겨울 지났으니 열심히 뛰어라
맛있는 밥 만들고 물 한 동이도 준비해 놓았어

인생의 뜰

그런 줄 알았고
처음만있을 줄 알았다
돋는 움 싹 냇가 길
앞 뒷산 진달래
울 뒤 개나리는 언제 피었던가

저무는 하루 한 달
꽃 그림으로 덮더니
다음은 파란 들 찾아온 철새인가
무엇을 가르치려 그리 울었는지
그것이 세월이고 한철이었던 것을

뭉게 구름 흩어져
어느새 찬 바람에 하늘 높아라
그래도 욕심에 덥다 하지 않았나
시드는 풀잎에 고개 숙인 씨앗들
그 가르침 모르고 욕심 주워 담던 날

채운 욕심 더 채우려
그리 무엇을 담으려 했었나

담을 것없 고담길 것 없는 추운날
비 아닌 눈 내리니 무엇을 찾을까
추워도 버드나무의 춤은 다음이 있는데

봄 하늘

아가야 울지마라
저 먼 하늘이 더 멀기만하구나
어제의 봄바람이 오늘은 왜 이리 시린지
너 얻으려 처음 올 때에는 안 그랬었는데
팔자가 그렇다면 이렇게 되는 것이니

잃은 그 몇 해 남은 세월을 어떻게 하겠니
운명이 그렇다면 어쩔 수 없는 것일까
몹쓸 병 끌어 안고 그렇게 떠날 것을
찔레꽃에 묻은 약속 그 약속의 거짓인가
캐담을 달래 냉이 호미 끝이 못 찾는구나

민들레의 순정

한 송이 따 손에 쥐면
다른 꽃이 더 예쁘고
더 예쁜 꽃 따 걷다보면
또 다른 꽃이 눈에 들어온다

머리에 꽂아줄 꽃
어느 꽃이 더 예쁜가
꽂아준 꽃 털어대면
꽃이 미워 그러는 걸까

그때처럼 털어대며
울며는 어떻게 하나
그 꽃이 싫었는지
부끄러워 그랬는지

알 수 없는 그 마음
그 마음 누가 아나
털어낸 꽃 줍던 마음
아직도 미안하다

은하수의 봄

먼 고향의 초가 뜨락
우리 뜨락에도 봄이 왔겠지
우물둥치 샛문 밖 미나리도 돋았고
된장국 끓였던 솔이쟁이는 얼마나 자랐을까

봄바람에 춥던 울타리
추워도 개나리는 노란 띠를 둘렀는지
해질 무렵 닭장 찾아 들어오는 닭들
어느 짚까리에 알 낳았나 아무 소리가 없네

보릿고개의 우리 초가
은하수 품에 그렇게 잠들고
돼지 꽥꽥 닭 꼭꼭 저녁 달라는 소리
쌀겨 개어 닭 주고 멀건 뜨물에 쌀겨로 돼지 저녁 주었다

강물

하룻밤에 스쳐간 꿈
흘러간 그 세월을 어이 잡을까

몇몇의 기억으로
더듬고 더듬는 세월

그 많은 날 그 시간
나 어디에서 무엇 했나

내일을 기다리며
밤낮없이 오늘에 매달렸던 시간들

기다린 그 내일이
먼 훗날이 된 오늘 여기에 데려왔나

지금 나 무엇하나
어디에 와 있고 어디로 가고 있나

춥고 더웠던 날
추워도 춥고 더워도 더웠었다

진달래의 일기

산 기슭 오르며
꺾던 진달래
움켜 쥔 한아름
누가 누가 더 많은가

한 잎따 입에 넣고
또 한 가지 꺾어 쥐고
집에가면 어느곳
어디에 꽂아둘까

찾아보는 우물둥치
볍씨 항아리에 꽂을까
장독대 큰 독 밑
방구리에 꽂을까

제일 큰잎 하나 둘
우물 안에 던지고
두레박 줄 길게 내려
다시 건져 올린다

할미꽃의 노을

여기 이 곳이 우리 산
어머니의 묘를 몇번 옮겼나
할미꽃 쓸쓸히 그날을 읽고
몇 십년 전 어머니의 모습 아련히 떠오른다

그날을 읽는 듯
몇번 옮겨야 했던 어머니의 묘
내가 여기 찾은 줄 어머니는 알려나
마지막 옮긴 묘 이제 효도 하면 무엇하나

치마폭에 밥 한 그릇
얻어온 밥 한 그릇 그것뿐이겠는가
나 아프다 둘러 업고 뛰던 날
그날 밤 고개 넘어 의원집 문 두드렸고

넘는 보릿고개 마다
듣고 본 어머니의 그 봄날
어느 절기인들 마음 편안 했겠나
그날을 읽어주는 할미꽃의 하루가 저물어간다

고향의 삼월

삼월도 가운데 날
그 가운데 어느덧
끝날에 접어들고
춥고 더울날 떠나고 들어온다

사월이 돌아오면
봄 문턱 훨씬 넘어
꽃동산 그림 되고
울 뒤 복숭아꽃이 얼마나 예쁠까

냇가에 아이들
그 들녘 보리밭
바구니 든 아이들
나부끼는 보리밭 길 지날 것이고

논밭 갈이 누렁이 소
송아지 부르는 소리
더 높이 뜬 종달새
아이들 내려보며 온종일 지저귀겠지

보리밭 술래

눕혀 눕고 하늘보면
파란 하늘 더 높고
쓸어안아 맡은 내음
지금도 못 잊는다

누가 누가 나를 찾나
흔적 지워 들어가
꼭꼭 숨어 숨죽이면
아이들 찾는 소리

나와보면 모두 가고
혼자 남은 보리밭
오늘도 찾는 그 소리
나도 동무 찾는다

빈 잔의 약속

나 아는 이 누가 있소
내가 아는 이 누구요
겉 이야기 속 이야기
마주 할 사람 누구요
거쳐간 수만 사람
잃어버린 그 세월
이 빈 잔 채우며
누가 나와 마주할까

있어도 없다 하고
없어도 있다 하고
있는 이와 함께 했다
그 사람이 누구요
없는 이와 함께 했다
그 자랑 어디 갔나
이 빈 잔에 따르는 술
누가 나와 울어줄까

버릴려면 없어야 하고
있어도 없다 하면

버려지는 것인가
그 욕심이 버린 자랑
얻으려면 어떻게 해야 하나
함께 했던 그 시간들
울고 웃던 그 동무들
시간 앞에 너와 내가 저무는구나

그 산마루

나 어릴 적 그렇게 오르내려 것만
이제 올라 와보니 모두가 새롭고
내려보는 곳마다 한눈에 들어오는구나

길 없어져 이리 저리 헤치며 오른 산
저 빈집터 어스라니 그 기와집 기울고
흘러가는 구름도 옛 구름이 아니로구나

높았던 산 저 산 기슭 왜 이리 낮아졌는지
새소리만 그 울음 변치 않았고
나 살던 집 보리밭 울 밑 개나리 다 어디 갔나

이 산마루의 가르침 그 보릿고개
진달래 한 줌이 무엇을 가르쳤나
놀던 냇가 큰 버드나무 그 춤도 잃었구나

고향의 안개

뿌연한 봄 안개
안 덮힌 곳이 어디에 있나
앞산 자락 보리밭
나 건너는 징검다리
그 안개에 우리 초가는 안 덮혔겠나
미루나무 위 까치집
높다란히 보일듯 다시 덮히고
어미 닭 추울세라 병아리 품는다

아침 나절 걷힐 안개
점심때면 어떠할까
걷힌 안개에 드러난
복숭아 살구꽃
휘어지는 파란 보리
바람에 나부끼고
냇둑 길 큰 버드나무
춤 띄워 젓는다

봄 밥상

밥상 위 짠지쪽
늘 그렇듯
메루치(멸치) 볶음은
있는 집이나 있었고
짱아찌도 그렇게
있는 집이나 많었다
된장은 그렇다 해도
말라 붙은 고추장 독
가난이 부른 고추장도
있는 집이나 있었다
모아 둔 달걀
그 달걀을 어떻게 찔까
짚 꾸러미에 엮어
실 바늘 비누와 바꿨고
몇개 남긴 달걀은
손님 맞이에 쪄냈다
날마다 그 반찬
달래 냉이가 끼니마다 있을까
짠지국물 짠지 무침
된장 찌게에 무말랭이

어쩌다 놓인 냉이 간장이었다
봄날의 보릿고개
김치죽 콩나물죽
꺼지는 배 졸라매니
더 졸라 매지고
쌀 없어 보리밥에 오른 반찬들
툇마루 끝 밥상 덮는
그 베보자기의 기억만
아직 기억 하고 있었다

보리밭의 밤

내려 앉는 수많은 별
이슬에 젖는 밤
눕히는 그 자리
눈물에 젖었다

바람 불어 마르는
초승달 숨는 밤
소쩍새의 그 눈물
마르지 않았다

누가 볼까 두려웠던
소쩍새 약속의 밤
바람도 별빛도
그 약속 맹세 했다

보릿고개의 달

초저녁이 부르는
소쩍새 우는 밤
닭장 위 초승달
나뭇가지에 걸치고
며칠 후 이그러져
지붕 위 비춘다

저 달 꽉드러차
보름이 되면
그 다음 비출 곳
어느 곳이 될까
꽉드러찬 보름달
더 환한 보름달

옥토끼의 절구 방아
마음 걸친 계수나무
허기에 물 한 모금
두레박 줄 내리니
우물 속에 들어간 달
두레박에 담겼다

봄바람

점심 나절 봄바람
빨래 터 지나가고
앞산 자락 보리밭
바람에 나부낀다

냇가의 미나리밭
스쳐 오는 봄바람
노처녀 바구니에
미나리만 담길까

바라보면 더 먼산
꽃구름 흘러 가고
그 산기슭 오르며
찔레꽃에 숨는다

기억의 그곳

어렴풋한 그곳도
뚜렷한 그 이름도
넘어온 보릿고개에서
다시 바라본다

다닌 들이면 들
넘던 산이면 산
나 오르내린 기슭에서
무엇을 배웠나

흘러간 그 세월
머뭇던 그 시간
또 불러보는 이곳에서
회상에 묻는다

새 어머니의 봄

두 번의 운명에 하나의 봄인가
툇마루 끝 먼 하늘 더 멀어지고
들리는 새소리 아니라 하는구나
여기 이곳 찾을때 그 마지막 두 번
아니라 하는 저 새소리 놓일 운명이 더 남았나
섞이지 않는 씨앗의 정 어떻게 해야 섞여지나
이래도 안 섞이고 저래도 안 섞이니
눈치에 매달리는 그 끝날이 언제인가

낳은 자식이 있나 낳을 자식이 있나
흩어진 친정 그늘 나 기댈 곳 어디인가
끊긴 소식 버려진 몸 누가 나를 들여다 볼까
문 두드려 찾을 냉수 아직 남은 그 시간
세월이 모는 운명 어디로 몰고 가나
늙어보니 아니더라 다 거짓이더라
젊어서 써먹으려 부르고 찾았것만
이제 늙어 받는 괄시 눈치만 느는구나

까치의 사랑

미루나무 위 까치집 보이는 하늘 더 높고
들어 오는 흰 구름 어느새 산 넘는다
옮겨 짓는 까치집 작년의 집이 싫은가
짝은 그대로 작년 봄 그 짝인지
빈 둥지 퉁그러져 허술하니 남아 있고
옆 나무의 새둥지 암 수컷 행복하다

혹시나 하는 마음 새로 찾은 짝일까
아니면 집이 싫어 새로 짓는 것일까
아침 일찍 짝 불러 집 찾아 들어가고
한 마리는 둥지 앞 다른 한 마리는 안 보인다
낳은 알 품는 암컷 지켜 주는 수컷일까
바람 불어 추워도 까치의 행복 깊어간다

• 3부 •

고향의 섬

밀물에 갈매기
그 파도 소리
이튿날 그 다음 날
날마다 변함 없고

어느 날 보이는 앞 섬
안개가 가린다
저 안개 걷히면
그대로 드러날까

하늘도 보던 하늘
들어 오는 구름 하나
뭉게 구름으로 다르고
그 구름 지나면 하늘도 그렇다

날마다 보고 자란
변함 없는 나 자란 섬
파도 소리 더 가까운 듯
옛날만 멀어진다

사연의 봄

바라보는 저 하늘
하늘은 나의 길을 알고 있었는지
힘들 때 올려보고 괴로워 올려보고
외로워 한 번 더 멀기만 했었다
무슨 말을 어서부터 어떻게 할까
누구에게 말 못하고 가슴에 묻는 사연

이야기 할 곳 없고 함께 울어 줄 사람도 없다
때로는 즐거워 그 이야기 누구와 나눌까
홀로 보는 밤하늘에 그 많은 별
달 뜨면 달 안에 넣어도 보았다
그 달보며 비추고 또 비추었던 날
큰 날 작은 날 긴 날 짧은 날 그 많은 시간들

무엇하며 웃었고 웃어본 날이 며칠이 되겠나
울어본 날은 어느 날이었고
삭히고 삭히며 가슴에 묻은 날
그 사연 꺼내어 구름 위에 실었고
인생살이 힘든 마음 혼자만의 사연
그 옛날 초가 뜨락 개미 등에 얹는다

인생의 봄

내가 보는 이웃의 봄
그 이웃 나와 같이
그렇게 보겠지

우리네 사는 인생
맞이한 이 봄과
무엇이 다를까

봄이면 봄 여름이면 여름
가을 또한 그 겨울
알면서 가는 것을

계절 앞에 척 해본들
그 계절 앞 거짓이요
처럼하니 마음 고생

그 고생 세월 앞에
부끄럽지 않은가
왔으면 그렇게 떠나는 것을

마음의 시간

젊어서는 긴 세월
늙어서 짧은 세월
시간도 그렇게 길고 짧을까

시간의 흔적이
밤과 낮이라면
세월의 흔적은 어디에 있나

피고 지는 꽃은 알까
구름에서 찾아볼까
강물에 띄운 마음 석양 따라 흐른다

추억의 고향

나 자란 곳은
날마다 석양에 물드는
조그마한 섬이었다
밀물에 썰물도 있었고

파도 소리 갈매기 울음
모래뭇에 뚜꺼비집도 지을 수 있었다
먼 섬 지나는 고깃배 소금배
그 배에 꿈도 싣을 수 있었고

섬 떠난 산골 마을
하늘만 보였던 곳
봄이면 진달래 복숭아 살구꽃
울 밑 개나리 냇가에 버드나무 춤추던 곳이었다

보리밭 바람에 보리 나부끼면
아카시아꽃 날려와 보리밭에 뿌렸고
뻐꾹새 뜸북새 그 따오기 울음
가난이 읽어주고 들려 주었다

철새의 노을

내 고향 철새를 어찌 잊을까
함께 울고 웃던 고향의 철새를
뒷산에 소쩍새 앞냇가 위 종달이
보릿고개 넘을 때 꼭 찾아 주었고

대청마루 제비집 지을 무렵인가
아카시아꽃 날리며 보리 패었을 때
뻐꾹새 슬며시 앞산 찾았었지
그 뻐꾹새 뽕밭 위에서 얼마나 울었나

빨래터 산자락에 내려보는 꾀꼬리들
노처녀 가슴에 못박던 날
앞 논 뜸북새 적막을 깨웠지
따오기 논병아리 울음 들리는 듯

기러기 떼 서산 넘어 어디로 가나
높고 낮은 기러기 울음
그 외로움 달래어 주던 날
바라보는 이 가슴에 무엇을 남겼나

어느새 그 한세월 들국화 지고
낙엽에 쌓이는 눈 그 칼바람 그대로
울 밑 고목 부엉이 춥지 않았는지
달빛 가르는 부엉이 울음은 누구의 자장가였나

벚꽃의 그리움

끝 없이 하얀 길
누구와 함께 할까
나 부르는 것 같아
돌아보면 아니고
걷는 길 바라보면
하얀 세상 더 멀다

둘이서 걷는 이
어디까지 가나
나 여기 멈춰서면
누가 같이 가자 할까
부르는 이 없는 길
아쉬움에 돌아선다

하얀 진달래

네 빨간 진달래
너무 먼 네 하얀 꽃
이제 붉어지는구나
흐릿 했던 네 꽃잎
뚜렸이 보이고
오르던 그 기슭
찔레꽃도 보여

아직은 아니어도
네 꽃 지고나면
뚜렸이 보일까
네 빨간 진달래
하얀 찔레꽃
모두는 그 처음
나의 꽃이였지

봄 장날

오늘은 아흐레 장
바쁜 일손에 찌든 살림
한 차례 뿌리고 심었으니
사람 구경이나 갈까
며칠 손놓을 날이니
대장간에 들려
호미 낫 베려오고
쟁기 보습도 사야 하고
또 무엇을 사야 하나
살 것이 많은데
쌀 한 말 짊어지면
다 살 수 있을까

넘어야 할 장터 길
진달래꽃 곱게 피고
내려 보이는 보리밭
앞 냇가의 버드나무
집집마다 울타리에
개나리꽃 띠 둘렀네
복숭아꽃은 언제필까

아 무엇을 사고 안 살 것이 있나
그 아주머니네 국밥 집 들려
막걸리도 먹고 싶고
떠나는 길 짊어진 쌀
쉬었다 가자 한다

진달래의 슬픔

먼동의 구름 띠 이른 아침 부르고
햇살의 진달래 앉힌 이슬 지운다
밤새워 앉힌 이슬 꼭 지워야 하는지
지우고 싶지 않아도 지워지는 것인지

바람이라도 불면 어쩌나
그렇게 그 며칠 찾는 이 누구일까
앉히면 지우고 지워져 또 앉히고
가냘픈 꽃잎 바람에 여미어진다

고향의 사월

먼 옛날이 찾은 봄
이 봄날 그 시절
고향의 꽃이 반긴다

고향에 없던 꽃
못 보았던 꽃
섞이고 섞인 이 꽃들이
고향 꽃만이나 할까

앞 냇가 뒷동산
산으로 들로
어렴풋한 꽃 이름 다시 찾는다

어머니의 바다

자고 나면 밀물 들어와
부엌일에 썰물 되고
들어오고 나가는 물
갯벌로 몰아 세운다

굴 따는 날 바지락 캐는 날
파래 걷이에 갯나물
들어오고 나가는 물
때 다르고 시간 다르다

밀물에 낮이 되면
뒤 텃밭일 바쁘고
밤에 밀어 낮에 썰면
갯것 잡이에 바쁘다

이렇게 흐른 세월
그렇게 떠난 시절
어려 보낸 이 시집
그 친정 어디 갔나

섬년이라 듣는 욕
굴 따는 여편네
글 몰라 물으니 얼굴 뜨겁고
따는 굴에 잡는 바지락
파도만이 아는 그것이 다였다

섬 꽃

모질게 핀 너의 꽃
얼마나 추울까
벼랑 끝 바위 틈
때 되면 꼭 찾아
그리 피어야 했는지

갈매기야 묻는다
바람 없는 날
그날이 언제일까

진달래 개나리
여름날에 해당화
이름 모를 그 작은 꽃
가을날 더 쓸쓸히
싸리꽃도 여미겠지

봄 길

문밖 그 봄바람
옛 생각에 나서면
나 사는 곳 앞 냇가
버드나무 춤추고

멀리 보이는 하얀 벚꽃
가까이 개나리꽃
걷는 길마다 민들레
제비꽃이 반긴다

그때 보던 노란 들꽃
하얀 꽃은 냉이일까
크고 작은 이 들꽃
이름이 무엇인지

알 수 없는 꽃 이름
모여 피어 예쁘고
갖춰진 꽃잎 수술
큰 꽃처럼 예쁘다

고향 바위

오르는 산 보다
하늘이 더 높고
이 기슭 나무 보다
구름이 더 높다
새소리 물소리

천만년의 솟은 바위
이 산지기인 듯
둘레의 니끼풀은
그 시간을 아는지

엄나무 순 옻나무 순
얼마쯤 더 있어야
두릅 순까지 따 담을까
산나물 뜯기 아직 이른 기슭

목마름에 목축여
빈 자루 차고 쉬자 하니
올려 보는 파란 하늘
구름 흘러 산 넘는다

앵두의 일기

네 울 밑 앵두꽃
네 하얀 꽃 떨어지던 날
뒷산 기슭 소쩍새 날아 들었고

그 꽃잎 떨어져
아주 빨갛게 익을 무렵
그 뻐꾸기 그리 울어야 했는지

누가 서리 할까
잎새에 숨은 너의 앵두
이 무렵 너의 앵두 못 잊었을까

네 하얀 앵두꽃
네 빨간 그 앵두
서리한 아이 기억 하고 있는지

회상의 봄

먼 들녘 논밭 갈이
봄바람 불어온다
누가 나의 그 봄을
어떻게 그릴까
혼자만이 넣은
이 가슴의 그 봄을

멀리 보이는
돌 뿌리 많은 신장로
앞 냇가 뒷동산
산자락 밑 보리밭
먼 산 기슭 흰 점박이
그 하얀 벚꽃

울 밑마다 개나리
장터 산길 진달래
한움큼 따 입에 넣은
그 꽃을 어찌 잊을까
냇가에 내 동무들
춤추는 버드나무

길가의 민들레
보라의 제비꽃
그 꽃잎 하나 둘
바람에 날리던 날
나 어디에서
무엇 하고 있었나

기와집 담 넘어온
못 잊을 라일락 향기
저녁이면 그 내음
담을 넘어야 했는지
그 향기 못 잊어
옛 생각에 잠든다

상여의 봄

꽃상여에 실린 몸 어디로 가나
넘어온 보릿고개 그 고개는 아니겠지
긴 줄만 알았던 이 짧은 세월
떠나면 이듬해 봄 다시 올 수 있는지
아이들아 거두거라 이제 그만 거두거라

나 눕던 자리 더럽거든 너희 눈물로 닦지 말고
실가닥 되기 전 그 정도 끊어라
너희들 하는 소리 다 듣고 담았다
늙으면 그런거냐 떠나면 그런거냐
끊기지 않던 이 모진 목숨 너희들에게 미안하다

아이들아
그 선소리 한번 들어 보렴무나

에~ 헤~ 어허야~ 어디야~ 어차 어허허~
어~ 허~ 어허야~ 어디야~ 어차 어허허~

저승 길이 멀다더니 대문 밖이 저승일세
어~ 허~ 어허야~ 어디야~ 어차 어허허~

간다 간다 나는 간다 북만산천 나는 간다
에~ 헤~ 어허야~ 어디야~ 어차 어허허~

망령이라 하는 소리 이제 그만 거두거라
어~ 허~ 어허야~ 어디야~ 어차 어허허~

늙은 몸의 이 투정이 망령밖에 더 있겠나
에~ 헤~ 어허야~ 어디야~ 어차 어허허~

너희 낳아 기를때 더럽지 않았는데
그 자손들 나보고 더럽다 하는구나
에~ 헤~ 어허야~ 어디야~ 어차 어허허~

눈 감으니 때를 아나 배고프니 고픈 줄 아나
어~ 허~ 어허야~ 어디야~ 어차 어허허~

그 구박이 며칠이냐 이 상여로 가는 것을
에~ 헤~ 어허야~ 어디야~ 어차 어허허~

딸아 딸아 막내 딸아 이 상여 그만 놓아주렴
어~ 허~ 어허야~ 어디야~ 어차 어허허~

꽃 그림자

어제의 그 꽃
오늘과 같고
오늘 꽃 또한
내일과 같을까

보이는 꽃
보는 사람
누구의 꽃이
더 예쁠까

꽃은 그대로
그렇게 피는데
사람의 마음이
차별을 하네

꽃의 노을

그렇게 기다린 봄꽃이 것만
삶에 그 며칠 어느새 지는구나
먼 산 기슭 저 하얀 벚꽃
저 벚꽃 지고나면
어느 꽃이 피워 줄까

담 넘어 필 라일락
그 담장 장미꽃은 더 있어야 하고
뒷산 길 찔레꽃 그 다음 아카시아
기다림 메워 줄 민들레꽃일까
송홧가루 날리는 날 아카시아꽃 피겠지

• 4부 •

그 섬의 노을

밀려온 파도
다시 밀어 휩쓸고
찾아온 이곳
누가 다녀 갔다 할까

길지 않은 모래밭
그날이 언제인가
우리 흔적 찾아
다시 왔건만

속삭였던 그 한마디
아무 것도 없고
무너진 약속의 탑만
그 노을에 젖는다

봇물의 노을

해 기울어 하루가 저무는구나
저녁바람 쓸쓸히 보리밭 스쳐 가고
오늘 거두는 저녁 해 봇물에 어린다
욕심으로 보면 아직 더 해야 하는 일
허기에 시장기 집으로 가자 한다

봇물 귀퉁이에 밀려든 물 띠
저것이 다 무엇인가
나뭇잎 바람이 뿌린 짚검불
그 다음 앞 뒤로 이 근심 걱정 섞여 있고
더 쓸쓸히 부는 바람 한곳으로 모은다

이제 가야 하는 노을진 논길인가
검둥개 마중나와 어서 가자 끙끙대고
씻은 삽 둘러메니 뒤 돌아 보아진다
이 봇물에 씻은 손 발 오늘 하루만 씻길까
내딛는 징검다리 검둥개 앞장선다

제비꽃

엮은 이 꽃반지
어디에 놓을까
떨리는 손 감추며
조심스레 엮은 반지

예쁘게 더 예쁘게
두 송이로 엮은 반지
하나는 오른손
또 하나는 왼손

기다림의 꽃반지
보라의 꽃반지
엮어놓은 이 뒷동산
노을빛에 젖는다

사월의 꽃

피는 꽃 지는 꽃
또 어느 꽃이 피고 질까
아름답다 하던 사월의 꽃
그 끝자락에 묻히고
묻힌 꽃 그렇게 흐지부지 지고 만다

삼월의 꽃 시간 짧아
사월 빌려 피었는지
오월은 못 빌려 그만 접는 것일까
빌려도 잎새에 돋보이지 않고
때 잃고 피는 꽃 누가 관심 가져 줄까

어떻게 하다 보낸 삼월
이 사월도 저물고
돌아오는 오월의 꽃
어느 꽃이 피어 줄까
돌담 길 장미꽃 보리밭 둑 찔레꽃

예쁘다 하는 이 꽃들이
아카시아꽃만이나 할까

보릿고개에 주렁주렁
그 하얀 아카시아
꽃 보며 보낸 반년 보리 이삭 영글어간다

선명회 합창단

그 아름다운 60년의 목소리
그 시절 그 노래를
어디에 가 다시 들을까
우리의 소원부터 어떻게 따라 부를까

마음의 고향 세월의 그곳
나만의 시간 안 그곳 찾아 가는 길
나 그곳 찾아 다시 바라보며
자장가 그 노래에 조용히 잠들련다

아카시아꽃의 슬픔

아카시아꽃 언덕 뻐꾹새 울고
모내는 먼 들녘 해 기울어 저문다
엊그제 나부끼던 풋보리 언제 익나
내려보는 보리밭 아직 먼 그날
머리 위 아카시아꽃 시들어 떨어진다

저 들녘 논바닥 꽉 드러차면
아직의 저 보리밭 양지부터 누래질까
풀잎새 떼어 입에 물고 바라보노라면
저녁 뻐꾹새 울음에 아카시아꽃 날리고
저무는 해 집에 가라 하루를 지운다

오월 문턱

호지부지 지나는 사월
끝자락에 접어들고
며칠본 그 많은 꽃
서너날에 지워졌다

들어설 오월 문턱
어느 꽃이 대신 할까
길가의 민들레 제비꽃일까
더러는 철쭉도 그 며칠일 것인데

그리움의 찔레꽃
서러움의 아카시아
송홧가루 날리는 날
그때 처럼 그렇게 필까

오월은 그리움 슬픔이 찾는 날
초록 세상 파란 하늘
어느 곳에 담을까
오월의 그날을 하늘에 올린다

송홧가루의 일기

날리는 송홧가루 보리밭에 앉던 날
민들레 홀씨 하늘 높이 간곳없고
아카시아꽃 주렁주렁 배고파 훑었다
한 줌 훑어 입에 넣고 바라보던 보리밭
꿀 찾는 꿀벌 울음 소리
그 소리를 어떻게 잊을까
벌들은 꿀 따고 나는 훑어 입에 넣고
적막의 이 보리밭 둑 누가 나를 숨어 보나
송홧가루에 묻힌 가슴 속에 고픈 일기
오늘도 부끄러워 혼자 꺼내어 읽는다

할머니의 푸념

오월 되니
안팎으로 할 일이 많구나
뺀질이 이 년들 말이나 들어야지
뭐라 하면 할미 한테 앙살이나 하고

큰 년 작은 년 눈치 보는 며느리 년
손주년은 뭘 안다고 조그마한 것이 덤비나
할미도 여자 너희들은 그 인생 안 살 줄 아니
입 댓발 내민 며느리년이나 시집 안간 년이나
손주년 네년은 뭘 안다고 덤벼 지에미 한테 싫은 소리 했다고

남의 집 보낸 년은 안 보이니까 그렇다 치고
안간 네년들 주둥이에 뻘겋게 살 내민 그 옷차림
이년들아 네년들 남의 집 가서도 그럴거냐
아쭈 ~ 삐딱구두 그 신발이 며칠이나 될 것 같으니

할미 눈치 보며 살살 도망다니는 년들
설거지에 밀린 빨래 마루 안밖 걸레질
이 일을 누가 다 어떻게 하라고

이년들이 이 할미를 아주 잡네 잡어

며칠 있어 너희들 손 물 묻으면 마를새 있을 줄 아니
뭐 해라 시키면 요리 빠지고 조리 빠지고
이 여우 같은 년들아 나쁜 년들아
그러면서 할미 주머니는 왜 들여다 봐 이 나쁜 년들아

여자의 일생인가 아니면 인생인가
남의 집 가 촌수 맺어 나 같이 살을 것을
이것들이 내일을 아나 그 세월을 아나
찔레꽃만 아는 세월 또 하루가 저무는구나

오월의 그날

푸르고 파란 하늘
누구의 어느 날이 저 하늘에 얹어질까
긴긴 보릿고개에 아카시아꽃 날리던 날
찾아온 뻐꾹새 해 기우는 줄 모르고
모내기의 들녘 하루가 저물어 갔다

바람은 없었겠나
누구의 하루가 저녁바람에 추웠겠나
긴긴 하루의 해 그 해가 얼마나 길었던가
서산의 그 해 그림자 거둬 함께 넘고
논길 따라 오는 들녘 노을에 젖었다

하조대

깎아 내린 절벽
부딪치는 파도
바위는 파도를
내려 보아도
부딪친 파도는
그 바위를 못 보았다

억겁을 그렇게
얼마나 깎았나
처음이 만든
오늘의 이 깎임
소나무만 아는
그 긴 시간이었다

오월의 교훈

내가 누구인지
나도 모르겠어요
여기가 어디인지
이 자리에 왜 있는지
아니 왜 왔는지

아무도 모를 나
나도 모르겠어요
피는 꽃 지는 꽃
꽃에게 묻는다면
그 꽃은 알까요

돌아본 그날도
바라보는 앞날도
여기에 있는 나
나 데리고 어디로
어디로 가나요

인생 고갯마루
여기까지 오기를

눈 안에 넣은 것
이 귀에 담은 것들
버릴 수 있지요

이 오월 하늘에
모두 버릴 수 있다면
옛날 것 지금 것
기억의 가슴 속 것
다 버릴 수 있겠지요

낙산의 밤

검푸른 밤바다
부딪치는 파도 소리
몇번을 밀려와
이렇게 부딪쳤나

고요의 밤바다
보이지 않는 밤
고깃배 가물가물
등댓불만 반짝였다

상처의 오월

푸르고 파란 하늘
기슭의 찔레꽃은
누가 본 꽃이고
날리는 아카시아꽃은
누구의 것인가

가냘피 가냘픈
하얀 찔레꽃
하얗게 새하얗게
흝어 쥔 아카시아꽃

영그는 그 보리밭 위
뻐꾹새에게 묻는다
누구의 아카시아 찔레꽃일까
오늘 다시 묻는다면
대답해줄 수 있겠니

오월 들길

이렇게 그 잠깐
기다렸다는 봄이 언제였었더냐는 듯
개나리 진달래꽃 다 지워지고
파란히 갈참나무 바람에 눕는다

그래도 그 며칠에 라일락 철쭉꽃 시드는 봄
이제 곧 아카시아꽃 피어 바람에 날리겠지
길가에 민들레 냇가에 버드나무
이름 모를 이 많은 꽃 아는 꽃 이름이 무엇일까

보기는 다 보았어도 잃어버린 꽃 이름들
그 옛날 고향에서 다 보고 자란 아는 이름이었지 않았나
이맘때 쯤 보리 이삭 양지부터 다르고
저녁바람 쓸어 안고 논길 따라 들어오겠지

오월 저녁

기울던 해 더 기울어
그림자 길어지고
걷어 올린 옷소매
쓸쓸히 내려온다

허기에 저녁바람
마루 끝 우리 엄니
뭐 점심이나 드셨는지
작년부터 다른 엄니

나 일하는 이 논과 밭
얼마나 궁금할까
이거 해라 저거 해라
새참 내온 우리 엄니

그래도 그 작년에는
나 하는 일을 참견 했는데
올 들어 버썩 보기에 다른 우리 엄니
바람 쓸쓸히 어머니가 걱정 된다

오월의 추억

냇가에 부는 바람
버드나무 춤 띄우고
고기 잡는 아이들
발시려운 줄 모른다

아직은 차가운 물
얼마나 더 잡을까
돌 들추며 뒤적뒤적
거슬러 오르는 아이들

고무신에 담은 고기
미꾸라지 다슬기
아카시아꽃 주렁주렁
아이들 눈 못 벗어난다

눈물의 꽃

여름으로 가는 길목
꽃동산 지워지고
파란히 초록 동산
한낮은 여름이다

그 많은 꽃 모두가
그렇게 지워져야 하는지
봄이라 하기 보다
이제 여름이 가깝고

높은 나무의 아카시아
굴청 양지에 찔레꽃 피면
그 며칠에 시들시들
초여름이라 하지 않겠나

가냘피 가냘픈
찔레꽃에 눈시울 뜨겁고
이맘때 그 아이들
아카시아꽃에 눈물난다

송홧가루 언덕

이 산 기슭 스치는
점심나절 샛바람
뿌연 듯 누런히
이맘때의 눈물인가
멀리 보면 볼수록
가슴에 와 닿고
그 보리밭 양지에
송홧가루 앉는다